mille chemins vers la sagesse

mille chemins vers

la sagesse

David Baird

Albin Michel

Sommaire

Introduction

Du berceau à la tombe, la sagesse – ou le défaut de sagesse – influence notre quotidien, parfois pour le meilleur, parfois pour le pire. Lorsqu'on s'engage sur le chemin de la sagesse, on se sent facilement perdu mais on n'est pas seul : depuis la nuit des temps, des hommes et des femmes, dans la même situation, nous ont transmis leur expériences, leur réflexions et leurs conseils. Dans ces pages sont réunies mille et une pensées stimulantes, parfois amusantes, parfois mystérieuses mais toujours sages, distillées au cours des siècles par de grands maîtres, des sages, et des esprits avisés.

Nous espérons que ces offrandes accompagneront vos premiers pas sur ce chemin semé d'obstacles mais aussi de merveilleuses récompenses. Une chose est certaine : nous en ressortirons tous un peu plus sages.

Paroles

Qui connaît les hommes est un sage,
qui se connaît est un maître.
Conquérir les hommes, c'est avoir la force ; se conquérir soi-même est une force plus grande encore.
Et reconnaître la satiété, c'est être riche.

Mieux vaut subir le mal que le faire,
et mieux vaut être trompé que ne pas faire confiance.

Tout ce qui existe a commencé par être un rêve.

Ceux qui viennent à la sagesse par l'échec sont souvent de bonnes personnes, justement pour cette raison.

La sagesse, c'est apprendre à éloigner autant que possible ceux qui vous haïssent de ceux qui ne savent pas encore ce qu'ils pensent de vous.

L'esprit déplace la matière.

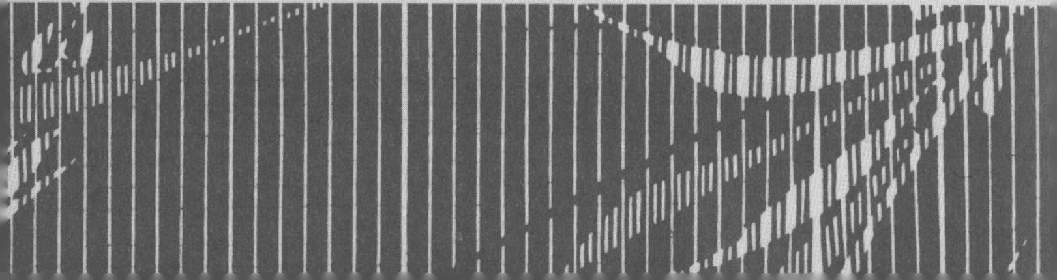

Rien de ce qui est bon
ne prend jamais fin.

Le grand homme ne se demande pas si ses paroles sont sincères ou si ses actes sont décidés ; il parle et agit simplement pour le bien.

Même dans la sagesse, nous trébuchons sans cesse. Mais lorsque nous sommes dans l'obscurité spirituelle, nous ne voyons même pas que nous sommes tombés.

Vivre, c'est faire, et non fabriquer.

Les problèmes
d'aujourd'hui
ne seront résolus
que lorsque nous
aurons résolu
de nous concentrer
sur demain.

Il ne peut y avoir de
vrai succès dans un
monde de médiocrité.

Un chef qui n'hésite pas avant d'envoyer ses hommes à la bataille n'est pas digne d'être chef.

C'est par ses actes qu'un homme rend cohérents sa vie et son moi.

Chaque individu est responsable de ce qu'il a fait et de ceux qu'il a influencés.

Le devoir naturel de tout être humain, même s'il semble imparfaitement rempli, vaut mieux qu'un travail qui ne lui correspond pas, même parfaitement exécuté.

Il n'est pas sage d'être indifférent à l'autre, ni de s'entêter, seul, contre la multitude.

Il faut du courage pour être sage – le chemin est escarpé.

Le génie réside dans une perception inhabituelle du monde.

Il est possible d'agir d'une manière qui ne donnera à vos amis aucun regret, et à vos ennemis, aucune joie.

Le cœur a ses raisons
que la raison ne connaît pas.

Pour atteindre la sagesse, il faut avoir appris à considérer tous les hommes comme égaux. Il ne peut y avoir de sagesse dans le préjugé.

L'étape la plus cruciale vers la solution d'un problème, c'est de savoir se reconnaître comme une composante du problème.

Le premier devoir humain, c'est de ne jamais suivre un principe aveuglément, et de ne rien faire sans la conviction claire et individuelle que c'est la bonne chose à faire.

Utilisons notre temps de manière créative, en sachant que c'est toujours le bon moment pour le faire.

La chandelle de l'amour peut se consumer rapidement, mais la flamme de la sagesse brûlera éternellement.

Certains chercheront à vous discréditer, à vous détruire. Laissez-les essayer : ils ne feront que vous rendre plus fort.

Le savoir est le meilleur antidote à la peur.

La sagesse ne peut être atteinte que par le développement soutenu de la curiosité d'esprit.

Le pardon est un état permanent,
et non un acte occasionnel.

De l’entendement
vient la sagesse ;
de la parole,
le repentir.

Aucun homme
ne naît sage ;
la sagesse
ne s'apprend
pas non plus.
C'est un voyage
dont la
destination reste
inconnue.

Rien au monde ne peut être bon pour toi si, pour l'obtenir, tu dois rompre une promesse.

La moralité, c'est le respect du droit des autres.

Tôt couché, tôt levé : santé, prospérité et sagesse.

La sagesse n'attend pas le nombre des années.

Comme l'abeille butine différentes fleurs pour faire son miel, le sage accepte l'essence des différentes Écritures et ne voit que le bien dans toutes les religions.

La sagesse n'est ni un héritage ni un legs.

Le sage est plus enviable que le riche.

Sans sagesse,
la richesse est
sans valeur.

Qui manque de sagesse est plus à plaindre que celui qui manque de biens.

Le sage n'a jamais besoin d'arme.
L'esprit a plus de pouvoir que le poing.

Le sage n'est jamais moins seul
que quand il est avec lui-même.

Quand la sagesse est conseillère,
l'affaire se déroule sans ornière.

La sagesse est la plus invincible des forces, elle prête à l'action l'autorité la plus haute.

Ne vous arrêtez pas à la folie des autres – n'est pas sage celui qui n'est pas sage pour lui-même.

La sagesse enseigne la valeur des choses, et le sage ne convoite pas ce qu'il ne peut avoir.

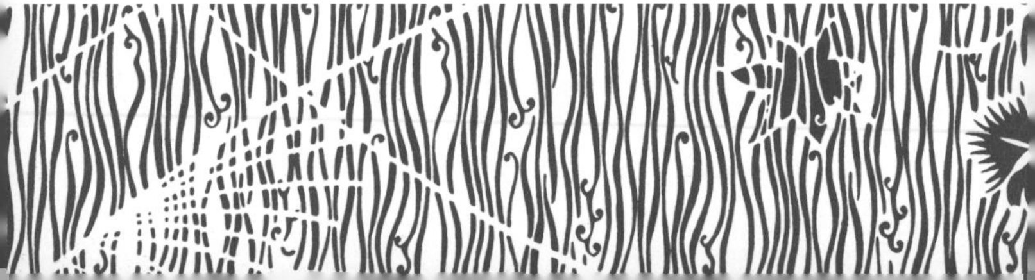

Il est d’une grande sagesse de connaître sa folie.

L’apprentissage n’est pas la sagesse. On peut apprendre à voler la voiture du voisin, mais il serait sage de n’en rien faire.

Le sage maîtrise les richesses, le sot se laisse maîtriser par elles.

Le sot erre, le sage voyage.

Le sage cherche la sagesse, le sot l'a trouvée.

Qui est sage le jour n'est pas sot la nuit.

Ce que le sot fait
en dernier, c'est
ce par quoi le
sage commence.

Sagesse n'est
point sagesse
si elle n'est pas
née de l'erreur.

Le sage peut changer d'avis fréquemment, alors que le sot s'entête, bien décidé à n'en rien faire.

Le sage n'a pas à rougir de changer d'opinion.

Personne ne sait jouer l'imbécile aussi bien que le sage.

Le sage propose, mais ce sont les sots qui disposent.

La raison gouverne le sage et bat le sot.

Le premier degré de la folie est de se croire sage ; le second, de le professer ; le troisième, de mépriser les conseils.

Les problèmes donnent de l'expérience, et l'expérience amène la sagesse.

La sagesse ne sortira
que renforcée des tentatives
que l'on fait pour la détruire.

Personne ne peut être sage en tout temps, et même le plus sage des hommes est susceptible de tomber.

La prochaine fois que tu seras tenté de fuir un problème, pense au gland. Il a résisté, et il est devenu chêne.

Avant d'espérer être sage,
commence au tout début,
et apprends à voir la vraie nature des choses.

Les problèmes appellent des solutions. Les solutions apportent de nouveaux problèmes.

Le salut est une progression qui commence sur terre et s'achève dans l'éternité.

Le processus du salut doit venir de l'intérieur.

Le salut, ce n'est pas mettre un homme au paradis, mais mettre le paradis dans un homme.

Contre les faux prophètes, usez de bon sens.

Chaque fois que nous nous réveillons, nous renaissons au monde ; chaque jour est une chance de prendre un nouveau départ et de vivre une nouvelle vie.

Une chose ne peut pas à la fois être et ne pas être. Ne vous laissez pas berner par l'illusion.

La sagesse, c'est regarder vers l'extérieur autant que vers l'intérieur, et vers l'avant autant que vers l'arrière.

Pour chaque occasion manquée, une autre voit le jour.

Chaque duel a un gagnant, mais le duel qui n'aura jamais de fin est celui entre le oui et le non.

On peut faire fondre la glace pour obtenir de l'eau froide, chauffer l'eau froide pour faire de l'eau chaude, mais l'eau ne peut pas être gelée, froide et chaude à la fois.

La liberté voyage lentement,
de précédent en précédent.

La sagesse, c'est savoir quand agir, et quand s'abstenir.

La sagesse, c'est savoir quelles questions poser.

Le sage sait qu'aucune réponse n'est vraiment une réponse.

La sagesse totale est aussi rare que la folie totale.

Le sage provoquera toujours plus d'opportunités qu'il n'en trouvera.

Dans votre quête de la sagesse, ne soyez pas entêté au point d'oublier de vivre en chemin.

Le sage ne rit pas pour éviter de pleurer.

Certains construisent une maison pour y vivre, d'autres pour qu'on la regarde.

La sagesse est comme l'obscurité : dans le noir, toutes les couleurs s'accordent.

Dans un monde d'illusion, il est bon de savoir par quelle porte rejoindre la réalité.

Le sage évite les mesures à court terme. Il sait que dans l'avenir elles deviendront des problèmes à long terme.

Attention ! Rien n'en dit plus sur quelqu'un que ses passe-temps et ses distractions.

Même si nous souhaitons faire ce qu'il faut, les circonstances vont conspirer pour s'assurer que cela ne soit pas toujours possible.

C'est rétrospectivement que la sagesse prend toute sa valeur.

Le sage sait qu'il y a parfois plus de pouvoir dans les mots qui restent tus.

Les mots sont des armes puissantes, quelle que soit la cause qu'ils servent.

Remettre à plus tard est un vol de temps.

Ce sont peut-être nos idées fausses sur l'idéal qui nous entraînent, nous et les autres, vers le bas.

Parler et parler bien sont deux choses différentes. Le sot bavarde, mais le sage parle.

Admirez le génie, mais attention : lorsqu'il est là, tout est en danger.

Génie n'est pas sagesse.
Le génie est un don,
la sagesse un ouvrage.

Le véritable ami est celui qui sait tout de vous et choisit de vous aimer quand même.

Si vous pouvez comprendre une seule chose en profondeur, vous comprendrez tout.

Les paroles sages ne s'usent pas.

Un voyant avancera avec plus de sûreté qu'un aveugle guidé par une personne en qui il a confiance ; de même, celui qui a la vraie compréhension marchera plus sûrement que celui qui suit un dogme ou une coutume.

Qui est véritablement sage et grand vit à la fois trop tôt et trop tard.

Mieux vaut une chambre vide qu'un mauvais locataire.

La seule certitude du vrai sage
c'est qu'il ne sait rien.

Le sage cherche toujours à voir avec les yeux de l'enfant.

Dans un esprit fermé, la sagesse étouffe.

On ne peut rendre bons tous les gens intelligents, ni rendre intelligents tous ceux qui sont bons.

Il n’y a pas de plus grand sot que celui qui se vante de sa sagesse.

Il est très sage de savoir reconnaître, avant qu’il ne soit trop tard, que l’on ne comprend pas quelque chose.

Le sage est comme un arbre dont les racines se nourrissent de la terre et dont les branches se tendent vers les cieux.

Mieux vaut être que savoir.

Les vrais
sages n'ont
jamais fini
d'apprendre.

La sagesse, c'est apprendre à ne pas voir ce qui n'est pas, autant que voir ce qui est.

Demain vaut plus qu'hier, mais moins qu'aujourd'hui.

Un but : c'est le plus grand cadeau que la vie puisse nous faire.

La sagesse peut nettoyer votre vie de ce qui n'a pas de sens et le remplacer par une signification positive.

La plus grande sagesse est de s'autoriser à être heureux.

Le sage sait reconnaître le moment où l'adversaire, incapable de convaincre, tente de semer la confusion.

Pourquoi nous est-il si difficile d'admettre que nous avons tort, alors qu'il n'y a rien de plus utile pour résoudre un problème ?

Choisir la voie de la sagesse n'est pas la solution de facilité.

Suivez la raison
aussi loin qu'elle ira.
Plus la sagesse
augmente, plus
le chemin est
accidenté.

Perles de sagesse

Consacrez-vous entièrement à ce qui est devant vous ; ensuite, à ce qui vient après, puis à ce qui vient encore après et ainsi de suite.

Si vous commencez, finissez.

La pensée est gratuite pour ceux qui n'ont pas d'argent.

Vous ne retirerez de la vie que ce que vous êtes prêt à y mettre.

Mieux vaut se taire et être pris pour un fou que de parler et d'ôter tous les doutes !

On ne peut garder un homme bon à terre.

Reconnaissez toujours vos torts.

Si vous voulez gagner la course, courez plus vite que les autres.

Ne prenez jamais de grande décision sous l'effet de la fatigue… ou de l'alcool !

Plus haute est l’ascension, plus dure est la chute.

Il y a ceux qui restent plantés là à parler de leurs rêves et ceux qui se lèvent pour les réaliser.

On ne peut pas avoir le beurre et l’argent du beurre… sauf quand c’est possible !

Plus je souhaite
qu'une chose
se réalise, moins
j'appelle cela
du travail.

Évitez les tempêtes dans un verre d'eau.

Si vous surestimez ou sous-estimez la valeur des relations personnelles, vous vous exposez à un choc.

Avant d'agir, pensez aux conséquences.

Attention : si vous ne savez pas où vous allez… vous risquez de ne jamais y arriver.

Le malheur ne rate jamais sa cible.

La même terre peut devenir trou et colline en même temps.

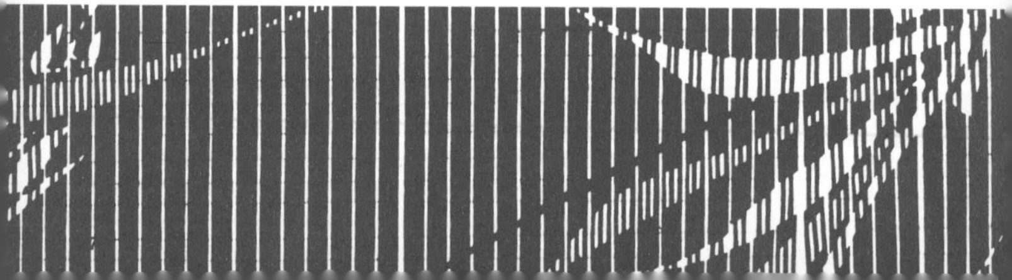

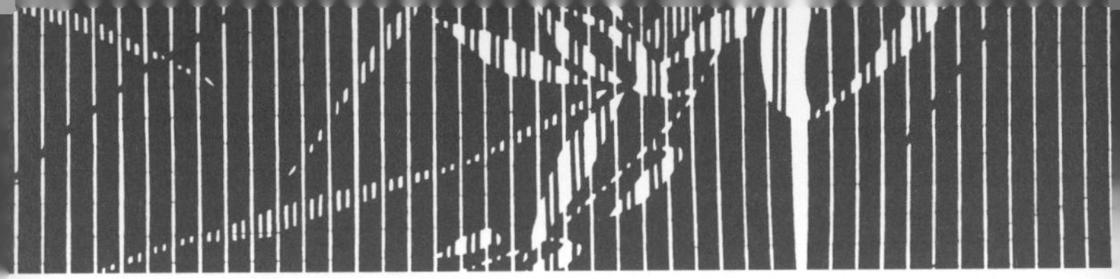

En général, nous arrivons à une conclusion au moment où nous sommes fatigués de penser.

Une célébrité est quelqu'un de connu pour le fait d'être connu.

Il faut beaucoup de sagesse pour admettre qu'une chose est impossible.

Quand je ne sais pas ce que je fais… je fais de la recherche.

Pour gagner, il faut concourir sans relâche.

Ne placez pas vos cibles après avoir tiré.

À tendre vers les étoiles on peut se mouiller les pieds, mais pas se salir les mains.

Les spécialistes, semble-t-il, savent absolument tout sur… absolument rien.

Tout le monde a son jour… seulement certains jours semblent plus longs que d'autres.

On peut gagner sur des mensonges
ou perdre sur des principes.

**La liberté est une occasion
de s'améliorer.**

**Ne fuyez pas le changement,
accueillez-le à bras ouverts.**

Vous ne pourrez savoir que vous avez atteint les frontières du possible avant de les avoir franchies et de vous trouver en route vers le royaume de l'impossible.

Le monde semble être drogué au développement personnel… mais cela le rend-il meilleur ?

L'homme est un architecte dessinant son avenir : toujours en retard et en dépassement de budget, et rarement en mesure d'apprécier le résultat.

95 % de notre temps est concentré sur les problèmes, et seulement 5 % sur la recherche des solutions.

La réalité a le chic pour gêner le style de certains.

Pensez au chercheur de trésor qui creusa si longtemps qu'il rata le trésor de la vie, et que son trou devint sa tombe.

Êtes-vous hésitant ou simplement cloué au sol ?

Einstein disait :
« Le secret de la créativité, c'est de savoir cacher ses sources. »

L'essentiel de la vie est un choix, le reste, de la chance.

À trop se concentrer sur le fait de mettre un pied devant l'autre, on en oublie de regarder où l'on veut se rendre.

Les mots peuvent être très utiles quand les idées font défaut.

Il y aura toujours des gens contre vous, que vous ayez tort ou raison.

Le succès n'est pas toujours le talent.

Connaître le présent est plus important que lire l'avenir.

Les choses semblent toujours prendre plus de temps que prévu, même lorsqu'on prend de la marge.

Les désirs de l'homme sont insatiables.

Il n'y a pas de partie gratuite.

Quel que soit le chemin emprunté, si vous ne savez pas où vous allez, c'est là que vous arriverez.

L'homme agit
avant de parler
avant de penser.

Attendez-
vous à
recevoir
ce que
vous
méritez
et non ce
que vous
voulez.

À l'amour et à la patience, rien n'est impossible.

Quand aurons-nous compris que c'est le monde qui nous mène, et non l'inverse ?

Vous ne pouvez prédire votre avenir, mais vous pouvez l'inventer.

La sagesse, c'est savoir prévoir une erreur pour l'éviter. L'expérience, c'est reconnaître la même erreur à chaque fois que vous la commettez.

Un général sage regarde toutes les batailles importantes et se concentre sur celle qu'il peut gagner.

Ne laissez pas la peur vous arrêter.

Une personne moyenne ne se croit jamais moyenne.

Le boxeur ne craint pas d'être envoyé au tapis ; ce qu'il craint, c'est de ne pas pouvoir se relever.

Soyez bon envers ceux que vous rencontrez à l'aller, vous les reverrez sûrement au retour.

Nous vivons dans un monde mouvant et plein d'opportunités.

Mieux vaut un vrai perdant qu'un faux succès.

Un prétendu chef qui lutte pour rattraper les autres fait peine à voir.

Il a fallu une sagesse particulière pour regarder la mer et se dire qu'il y avait un monde à découvrir de l'autre côté.

Nous sommes les acteurs de notre vie… et il n'y a pas de doublure.

La sagesse peut être récoltée chez ceux qui, dans l'histoire, ont choisi d'écrire sur ce que l'humanité avait fait, et non sur ce qu'elle aurait dû faire.

Le sage accepte que la fortune se déverse sur les genoux de certains.

L'espoir fait un très bon petit déjeuner et un très mauvais souper.

Les richesses devraient servir une cause, et non l'inverse.

La mort est le moindre des maux.

Le mensonge qui fait le plus grand mal n'est pas celui qui vous traverse l'esprit, mais celui qui s'y enfonce et prend racine.

Plus tôt nous acceptons l'idée que nos pensées sont, dans l'ensemble, communes et répandues, plus tôt nous pouvons être vrais avec nous-mêmes.

Au royaume des aveugles, les borgnes sont rois.

La sagesse est toujours un trésor.

Quel espoir
peut-il
y avoir
lorsque les
gens, même
face à
l'évidence,
détournent
la tête ?

N'abandonnez jamais d'anciens amis pour des nouveaux.

Le grand âge est comme un avion pris dans l'orage : une fois à bord, il n'y a plus rien à faire.

Ne pensez pas : agissez.

La liberté n’a aucun sens si sa signification est mal comprise.

Prenez la raison pour guide.

Ce sont souvent les petits gestes du quotidien qui, à long terme, influencent le plus la marche du monde.

Agissez dans le présent vivant.

Se maintenir au sommet de la perfection est difficile et, dans le cours naturel des choses, ce qui ne peut pas avancer recule.

La sagesse est le rôle suprême du bonheur.

Le génie est en rapport avec la conquête du chaos et du mystère.

La sagesse, c'est savoir faire plier la résistance de l'ennemi sans avoir besoin de combattre.

Vivre dans la peur de la mort, c'est mourir de nombreuses fois.

La sagesse réside dans les pensées,
et non dans les objets.

On peut vous montrer le chemin de la sagesse, mais vous seul pouvez faire le premier pas.

Rien n'est plus noble que l'humanité.

Rien de grand
ne s'est jamais fait
sans enthousiasme.

Ceux qui passent leur temps à s'inquiéter de ce que l'on pense d'eux s'inquiéteraient moins s'ils savaient comme on pense rarement à eux.

Une pensée peut changer le monde.

Plus on est sage,
plus on admet son ignorance.

Le sage sait que tout cela n'est qu'un jeu.

Une seule personne peut dire ce qu'est la sagesse. Cette personne, c'est vous.

N'oubliez pas. Vous êtes le maître de votre destin, le capitaine de votre esprit.

Le mouvement c'est le mouvement,
l'action c'est l'action.
Ne les confondez jamais.

La sagesse,
c'est
comprendre
les grandes
choses,
mais aussi les
petites choses
de la vie.

La liberté de l'esprit est la plus grande forme de liberté qui puisse exister.

La sagesse se récompense d'elle-même.

La sagesse, c'est savoir que le silence est souvent plus éloquent que la parole.

Posez-vous cette question : si la vie vous laissait faire une tentative dont vous sauriez qu'elle ne peut pas échouer, que serait-elle ?

Un ennemi, c'est un ennemi de trop. Cent amis, ce n'est pas assez d'amis.

Il n'y a aucune force dans l'absence.

Pour devenir meilleur que les autres, devenez d'abord meilleur que vous-même.

Le mot « sagesse » a un sens différent pour chacun.

La vie est un jeu de cartes. L'important n'est pas les cartes que vous avez en main, mais la manière dont vous les jouez.

Ne laissez jamais l'impossible interférer avec le possible.

Si vous priez pour la pluie, attendez-vous à de l'orage.

La vie implique passions, foi, doutes et courage… en mesures inégales.

La personne la plus facile à tromper, c'est vous-même.

Aussi simple que soit la tâche, il y aura toujours quelqu'un pour trouver la mauvaise manière de l'exécuter.

**Bon ou mauvais,
cela ne durera pas.**

Agissez ou non. Il n'y a pas d'essai.

Souvent, il vaut mieux retarder que mal faire.

Compromis n'est pas lâcheté.

La vie est remplie d'opportunités insurmontables.

Il est très difficile de feindre la sagesse, même si vous savez très bien feindre le sérieux.

Les monuments sont
dédiés à ceux qui
n'en ont pas besoin.

L'important n'est
pas ce qu'on
vous enlève,
mais ce que
vous faites
de ce qu'il vous
reste.

Dans toute
situation, le plus
terrifiant est
le sentiment
d'impuissance.

Qui a commis
une erreur et ne la
corrige pas commet
une nouvelle erreur.

Rien n’est jamais terminé tant que vous n’y avez pas mis le point final.

Conseils

Dans vingt ans, vous serez plus déçu par ce que vous n'aurez pas fait que par ce que vous aurez fait.

Le meilleur médicament, c'est un ami fidèle.

Les opportunités se multiplient à mesure qu'on les saisit.

Qui apporte le changement se fait des ennemis.

Si vous partez à la recherche du trésor au pied de l'arc-en-ciel, assurez-vous que vous savez quel est le bon pied.

Un bon conseil est comme un médicament : il peut laisser un mauvais goût dans la bouche, mais faire beaucoup de bien.

Il est peut-être possible de berner vos supérieurs, mais jamais vos semblables.

Si vous vivez en vous attendant toujours au pire, vous ne serez jamais déçu, mais vous passerez à côté de beaucoup de plaisir.

Errer dans la vie en voulant être quelqu'un est sans intérêt : il faut savoir clairement qui vous voulez être.

Le silence est la clef de voûte
de la personnalité.

Grandissez-vous de temps à autre : ainsi vous aurez une chance d'atteindre le fruit.

Faites ce que vous avez toujours fait et vous serez toujours ce que vous avez toujours été.

Essayez une fois – ainsi vous surmonterez la peur de faire.
Essayez deux fois – ainsi vous apprendrez à le faire.
Essayez trois fois – ainsi vous saurez si vous aimez le faire ou non.

Commencez à vivre sur-le-champ, et comptez chaque nouveau jour comme une nouvelle vie.

Être prêt, tout est là.

Lorsque vient le temps de dire à vos enfants comment ils sont nés, il serait sage d'en connaître la raison.

Aime ton prochain comme toi-même.

Comptez les bienfaits que vous recevez, et non ceux des autres.

Faites chaque jour une chose que vous préféreriez ne pas faire.

Faites de votre mieux : vous ne pouvez pas faire mieux.

Mieux vaut diriger par l'exemple que par décret.

Cultivez l'amitié, c'est le plus important, dans l'adversité comme dans le bonheur.

Lisez beaucoup, mais tirez vos propres conclusions.

Peu importe ce que vous faites dans la vie, du moment que vous le faites le mieux possible.

Soyez loyaux avec vous-mêmes.

Aimez votre travail, ou trouvez-en un que vous aimez.

Vous avez un cerveau : utilisez-le.

Écoutez toujours
les enfants.

Ne rivalisez jamais
avec quelqu'un qui
n'a rien à perdre.

Il faut vivre pour
étudier, et non
étudier pour vivre.

Ne faites jamais
vous-même
ce que vous critiquez
chez les autres.

Ne marchez jamais sur une glace trop fine.

Si votre passé vous glace, brûlez quelques ponts et réchauffez-vous à la flamme.

Quand vous ne trouvez pas de solution, admirez le problème.

Mieux vaut être seul que mal accompagné.

N'attendez pas
que les roses
se flétrissent
pour les mettre
dans vos cheveux.

Qui a fait le premier pas a fait la moitié du chemin. Courage ! Commencez !

Osez vivre : ne passez pas votre temps à éviter la mort.

Ne faites rien dont vous auriez peur que vos prochains ne l'apprennent.

Vous ne savez pas
si un acte est bon
ou mauvais ?
Abstenez-vous.

Ne prenez pas
à la vie plus que ce
dont vous avez
besoin.

Agissez lorsque
le choix est clair
entre bonnes
et mauvaises
conséquences.

Vivez bien, riez souvent,
aimez beaucoup.

Essayez de rendre vos prologues
plus courts que vos histoires.

Au lieu de critiquer, allez aider.

Ne gaspillez pas votre énergie
à vous indigner.

Si vous
n'acceptez
pas la défaite,
vous ne
pouvez pas
être vaincu.

En tout et avec tous, traitez les autres comme vous voudriez être traité.

Avouez toujours. Les erreurs dissimulées font des petits.

Il est bon de croire aux miracles, mais fatal de compter dessus.

Si cela vaut la peine d'être fait, cela vaut la peine d'être bien fait.

Quand tout le monde bat son propre tambour, l'important est de marcher au son du vôtre, et non de celui d'un autre.

Faites attention lorsque vous suivez les conseils des autres.

Si vous feignez de posséder un savoir, méfiez-vous des spécialistes.

Faites au mieux avec ce qui se trouve en magasin.

Si vous n'avez rien de bon à dire au sujet de quelqu'un, abstenez-vous.

Si vous perdez votre sang-froid, vous perdrez la bataille.

Ne vous languissez pas de l'impossible.

Quand vous croyez en une cause, n'abandonnez jamais.

Soyez vous-même : personne ne peut être vous mieux que vous.

Ne vous laissez pas abuser par la flatterie.

Juger le monde ne sert à rien.

Autorisez-vous à écouter les anciens.

Si, au cours de votre voyage, vous faites une seule trouvaille, qu'elle soit votre but dans la vie.

Vivez chaque jour comme si c'était le premier.

Vivez chaque jour comme si c'était le dernier.

Il est sage de suivre la vérité, où qu'elle mène.

Les paroles peuvent blesser bien plus profondément que le fouet.

Osez être sage ; commencez à vivre.

Faites ce que vous voudriez qu'il soit fait.

Soyez économe, ou dépensez avec sagesse.

Si vous êtes certain d'avoir raison, foncez.

Ne laissez personne vous empêcher de faire ce que vous croyez juste.

Vous êtes aussi bien que les autres…
Il ne vous reste qu'à le prouver !

Essayez de vous voir comme vous êtes vu… et attendez-vous à une mauvaise surprise !

Ne résistez jamais à un nouveau défi.

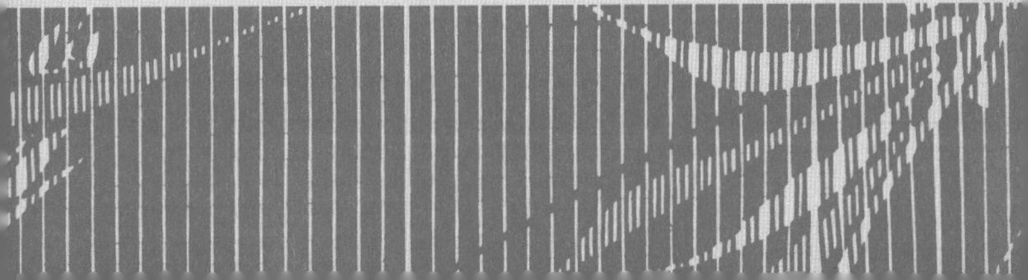

S'il y a une chose que vous avez toujours voulu faire, mais toujours retardée en attendant le bon moment… faites-la, maintenant !

Ne faites jamais une promesse que vous n'avez pas l'intention de tenir.

Ne désirez jamais une chose qui vous ferait souffrir si vous ne l'obteniez pas.

Soyez juste et vous ne craindrez personne.

Comme il est impossible de s'inquiéter pour le passé, il est inutile d'être déprimé par l'avenir.

Ne remettez pas à demain ce que vous pouvez faire dès aujourd'hui.

Regardez les choses comme elles sont.

Créer de bons précédents vaut autant que d'en suivre.

Dans toute nature humaine, il y a moins de sagesse que de folie.

On peut tout défier, sauf l'âge.

Nous essuyons tous beaucoup d'échecs au cours d'une vie, mais nous ne devenons pas un échec tant que nous ne blâmons pas les autres.

Lisez, pesez, réfléchissez.

Ce que vous faites de ce que vous savez : de là découlera votre rémunération.

Faites pousser des fruits dans votre jardin, il résonnera de chants d'oiseaux.

Assurez vous que, de votre vivant, vous faites quelque chose pour la postérité.

Le choix n'est pas toujours une solution facile à choisir.

Donnez-vous plus d'alternatives, et vous aurez plus de choix.

La chose la plus importante à connaître, c'est votre esprit.

Il y a des mensonges malheureux, il y a des inventions heureuses.

Le temps n'est immobile pour personne.
Les temps changent, vous pouvez changer aussi.

N'essayez pas toujours de faire des pas de géant alors que le reste de l'humanité se satisfait pleinement de chacun de vos petits pas.

Le sage ne se jette pas dans le désespoir : il est plus facile d'y entrer que d'en sortir.

Ayez toujours quelque chose de positif à dire.

Autorisez-vous à n'oublier que par choix.

Si vous tombez sept fois, relevez-vous huit fois.

Vivez comme si vous vouliez vivre éternellement.

Conduisez vos affaires comme si vous deviez mourir demain.

On dit que le sot se précipite. Il est parfois préférable d'attendre pour voir.

Si vous suivez votre chemin, attendez-vous à des critiques.

Si vous voulez montrer l'exemple, essayez la patience : elle est souvent perçue comme une marque de génie.

Quand on ne peut pas tomber d'accord, il est souvent sage de décider d'être en désaccord.

La liberté est l'un des trésors de l'humanité. N'y renoncez jamais à la légère.

Votre solitude doit être volontaire.

Rappelez-vous que l'impossible prend un peu plus de temps.

Quand votre monde semble sens dessus dessous, vous pouvez soit essayer de le retourner, soit marcher sur la tête.

Toute personne susceptible de plaire est susceptible d'ennuyer.

Lorsque vous commettez une erreur, essayez encore : c'est seulement en renonçant que vous échouerez.

Un seul instant de rage peut réduire l'univers en cendres.

Même le sage ne peut jamais prévoir quand une coïncidence peut frapper.

C'est un grand cadeau que de savoir quand garder le silence.

Mieux vaut un bon perdant qu'un mauvais gagnant.

Si vous devez être quelqu'un, soyez ce que vous voulez paraître.

Seuls les honorables peuvent s'associer avec les honorables.

Soyez votre propre ami. Tant que ce ne sera pas le cas, vous aurez du mal à trouver l'amitié avec les autres.

Si on vous dit
qu'on vous hait
pour ce que
vous êtes,
répondez que
cela vaut
mieux que
d'être aimé
pour ce qu'on
n'est pas.

Paroles de sages

Sans fausseté dans le monde,
il n'y aurait pas de doute,
Sans doute, pas de curiosité,
Sans curiosité, pas de sagesse,
pas de savoir, pas de génie.

Walter Savage Landor

**Quand je cesserai de m'indigner,
j'aurai commencé ma vieillesse.**

André Gide

Comme il est simple de poser des questions compliquées !

W. H. Auden

Nos actions nous déterminent autant que nous déterminons nos actions.

George Eliot

L'action est tout, la gloire n'est rien.

Johann Wolfgang von Goethe

Plus on en fait, plus on peut en faire ; plus on est actif, plus on a de loisirs.

William Hazlitt

Les actes des hommes sont les meilleurs interprètes de leurs pensées.

John Locke

Là où il y a plus
de sages, il y a
aussi moins de
sagesse.

Montesquieu

La folie est
une sagesse
trop bien filée.

Benjamin Franklin

Les bonnes personnes sont bonnes parce qu'elles sont venues à la sagesse par l'échec.

William Saroyan

Le doute est un vestibule par lequel il faut passer avant de pénétrer dans le temple de la sagesse.

Charles Caleb Colton

Il y a plus d'une sagesse, et toutes sont nécessaires au monde ; il n'est pas mauvais qu'elles alternent.

Marguerite Yourcenar

Il peut être réconfortant, dans toutes nos calamités et nos afflictions, que celui qui perd quelque chose et gagne en sagesse ait gagné à la perte.

Sir Roger L'Estrange

Ce qui
ne me détruit pas
me rend plus fort.
Friedrich Nietzsche

Quand on a prise sur toute les luttes,
les miracles sont à portée de main.

Mao Zedong

Les erreurs sont les portes de la découverte.

James Joyce

La colère donne de l'esprit aux médiocres, mais ne les enrichit pas.

Francis Bacon

Délibérez avec prudence, mais agissez avec détermination et cédez avec grâce ou refusez avec fermeté.

Charles Caleb Colton

La sagesse humaine apprend beaucoup, si elle apprend à se taire.

Jacques Bénigne Bossuet

Le savant est fier
d'avoir tant appris ;
le sage est humble
d'en savoir si peu.

William Cowper

Sois humble, si tu ne peux atteindre la sagesse. Sois plus humble encore, si tu l'as maîtrisée.

Helena Petronova Blavatsky

L'oiseau de sagesse vole bas, et cherche sa pitance sous les haies ; l'aigle lui-même dépérirait s'il planait toujours aux cieux et près du soleil.

Walter Savage Landor

Qui réfléchit trop n'agit pas assez.

Friedrich Schiller

La caractéristique d'une bonne action, c'est qu'elle paraît inévitable à posteriori.

Robert Louis Stevenson

Une bonne action nous ennoblit,
nous sommes fils de nos actes.

Miguel de Cervantes

Les mots montrent l'esprit d'un homme, les actes montrent ce qu'il veut dire.

Benjamin Franklin

Tout homme sent instinctivement que tous les beaux sentiments du monde ont moins de poids qu'une seule belle action.

James Lowell

Un cœur aimant est la plus vraie des sagesses.

Charles Dickens

Le premier soupir de l'amour
Est le dernier de la sagesse.

Antoine Bret

La solitude est la meilleure infirmière de la sagesse.

Laurence Sterne

Vérité dans un temps,
erreur dans un autre.

Montesquieu

L'honnêteté est le premier chapitre du livre de la sagesse.

Thomas Jefferson

Qu'est-ce que la liberté sans sagesse et sans vertu ? C'est le plus grand des maux ; car c'est folie, vice et aliénation sans enseignement ni limites.

Edmund Burke

Le savoir se convertit en pouvoir, et les axiomes en règles d'utilité et de devoir. Mais savoir en soi n'est pas pouvoir. La sagesse, c'est le pouvoir ; et son Premier ministre est la justice, qui est la parfaite loi de la vérité.

Albert Pike

Qu'est-ce que la force sans une double part de sagesse ? Vaste, difficile à manier, accablante, trop sûre d'elle, mais vulnérable face à la ruse du plus faible, la force n'est pas faite pour régner mais pour être utilisée, alors que la sagesse commande.

John Milton

Quand bien nous pourrions être savants du savoir d'autrui, au moins sage ne pouvons-nous être que de notre propre sagesse.

Michel de Montaigne

Le savoir s'acquiert, la sagesse persiste.

Alfred Lord Tennyson

Les études ne disent pas leur usage ; ce dernier est une sagesse qui existe sans elles et au-dessus d'elles, et qui naît de l'observation.

Francis Bacon

Le savoir habite les esprits emplis des pensées des autres ; la sagesse habite les esprits emplis de leurs pensées propres.

William Cowper

Fou est celui qui ne sait celer
sa sagesse.

Benjamin Franklin

L'homme meurt
une première fois à l'âge où il
perd l'enthousiasme.

Honoré de Balzac

La loi est le résultat final de la sagesse humaine agissant sur l'expérience humaine pour le bénéfice de tous.

Samuel Johnson

Justice sans sagesse est une impossibilité.

James Anthony Froude

L'essence divine elle-même est amour et sagesse.

Emanuel Swedenborg

La sagesse est souvent plus près lorsque nous courbons l'échine que lorsque nous montons en flèche.

William Wordsworth

La modération est le compagnon inséparable de la sagesse, mais le génie ne la connaît même pas de vue.

Charles Caleb Colton

La sagesse fait perdre de l'argent, mais l'argent n'a jamais acheté la sagesse.

Bayard Taylor

Le pouvoir est à toi, mais point la vue ;
Tu ne vois pas ce que tu foules ;
Tu as les siècles pour guide,
Mais point la sagesse de te laisser guider.

Edwin A. Robinson

La sagesse ne se trouve
que dans la vérité.

Johann Wolfgang von Goethe

L'homme n'est jamais aidé dans sa souffrance par ce qu'il pense pour lui-même, mais seulement par la révélation d'une sagesse plus vaste que la sienne. C'est ce qui l'élève au-dessus de sa détresse.

Carl Gustav Jung

Sagesse et bonté sont jumelles,
le cœur doit abriter
ces deux sœurs inséparables.

William Cowper

La plus constante marque de la sagesse,
c'est une constante réjouissance.

Michel de Montaigne

Qui vit sans folie n'est pas si sage
qu'il croit.

François de La Rochefoucauld

**Une question prudente
est une moitié de sagesse.**

Francis Bacon

Le seuil du temple de la sagesse est la
connaissance de notre ignorance.

Charles Spurgeon

Le bon sens poussé à l'extrême
est ce que le monde appelle sagesse.

Samuel Taylor Coleridge

Les neuf dixièmes de la sagesse, c'est
d'être sage au bon moment.

Theodore Roosevelt

**Admettre son ignorance, c'est
montrer sa sagesse.**

Ashley Montagu

Les livres n'ajoutent aucune sagesse où il n'y en
a pas ; mais s'il y en a, leur lecture la renforce.

John Harrington

La sagesse du sage et l'expérience des ans peuvent être préservés par la citation.

Benjamin Disraeli

Le monde est plein de portes, d'opportunités, de cordes tendues qui attendent d'être frappées.

Ralph Waldo Emerson

La haine est une autopunition.

Hosea Ballou

Être en colère, c'est venger les fautes des autres sur soi-même.

Alexander Pope

La colère est un souffle qui éteint la lampe de l'esprit.

Robert G. Ingersoll

Un homme sans humour est un prisonnier à la merci d'un ennemi auquel il ne peut échapper.

Sa'di

La ruse est à la sagesse ce que le singe est à l'homme.

William Penn

Qui ne lit pas de bons livres n'a aucun avantage sur qui ne sait pas lire.

Mark Twain

Un homme qui a une montre sait quelle heure il est. Un homme qui a deux montres n'est jamais sûr de l'heure.

John Peer

Seules deux choses sont infinies : l'univers et la bêtise humaine. Et encore, je ne suis pas sûr pour l'univers.

Albert Einstein

Combien de jeunes filles, peut-être, auraient besoin de perdre leur innocence pour conserver eur sagesse !

Gabriel Sénac de Meilhan

Il n'est rien de plus intolérable que de devoir nous avouer nos propres erreurs.

Ludwig van Beethoven

Seuls ceux qui osent échouer avec grandeur peuvent réussir avec grandeur.

Robert F. Kennedy

Si vous êtes assez fort, il n'y a pas de précédents.

F. Scott Fitzgerald

Si vous ne réussissez pas du premier coup, essayez encore et encore. Puis, renoncez. S'acharner comme un fou n'a aucun sens.

W. C. Fields

La récompense d'une chose bien faite, c'est de l'avoir faite.

Ralph Waldo Emerson

Je me rends compte que plus je travaille dur, plus j'ai l'impression d'avoir de la chance.

Thomas Jefferson

La vérité sort plus facilement de l'erreur que de la confusion.

Francis Bacon

Vous pouvez courir avec les loups ou vous asseoir devant la porte et aboyer.

Wallace Arnold

Les ordinateurs
sont sans intérêt :
ils ne donnent
que des réponses.

Pablo Picasso

Le résultat de la sagesse, c'est que le temps consacré au travail n'est jamais perdu.

Ralph Waldo Emerson

La croissance de l'homme ne s'effectue pas du bas vers le haut, mais de l'intérieur vers l'extérieur.

Franz Kafka

Être philosophe, ce n'est pas juste avoir des pensées subtiles ; c'est aimer la sagesse au point de vivre en accord avec ses préceptes.

Henry David Thoreau

N'attendez pas des circonstances extraordinaires pour bien agir ; essayez les situations ordinaires.

Johann Paul Friedrich Richter

Agir avec bon sens, selon le moment, c'est la meilleure sagesse ; et la meilleure philosophie, c'est de faire son devoir, de prendre le monde comme il vient, de se soumettre avec respect à son sort, de bénir la bonté qui nous a donné tant de bonheur, quel qu'il soit.

Horace Walpole

La grande finalité de la vie
n'est pas le savoir, mais l'action.

Thomas Huxley

La chance échappe à la plupart des gens parce qu'elle porte une blouse et ressemble au travail.

Thomas Alva Edison

Le monde avec
lenteur marche vers
la sagesse.

Voltaire

Mieux vaut bien faire que bien dire.

Benjamin Franklin

Les humains disent que le temps passe. Le Temps dit que les humains passent.

Proverbe sanscrit

Les faibles ont des remèdes, les sages ont des joies ; la sagesse supérieure est une félicité supérieure.

Edward Young

Que ta vision soit à chaque instant nouvelle. Le sage est celui qui s'étonne de tout.

André Gide

Les grands esprits se sont toujours heurtés à une opposition violente de la part des esprits médiocres.

Albert Einstein

C'est contre le vent,
et non dans le sens du vent,
que les cerfs-volants
volent le plus haut.

Winston Churchill

Qui commence dans la certitude finit dans le doute ; mais s'il se contente de commencer dans le doute, il finira dans la certitude.

Francis Bacon

La sagesse est le meilleur ami de l'homme ; la folie, son pire ennemi.

William Temple

L'homme évite souvent de reconnaître l'intelligence chez l'autre – sauf si c'est un ennemi.

Albert Einstein

Depuis six mille ans la guerre
Plaît aux peuples querelleurs
Et Dieu perd son temps à faire
Les étoiles et les fleurs.

Victor Hugo

La sagesse est le but vers lequel se
tourner.
Source de vertu et de renommée,
Fruit du travail, au service de
l'humanité,
Et d'autant plus appréciée qu'elle est
bien partagée.

Alfred North Whitehead

Penser est facile mais agir est difficile et mettre ses pensées en action est la chose la plus difficile au monde.

Johann Wolfgang von Goethe

Deux choses valent que l'on vive pour elles : faire ce qui est digne d'être écrit ; écrire ce qui est digne d'être lu. Et la meilleure des deux, c'est d'agir.

Albert Pike

Notre seule vraie tendance, c'est que le motif de l'action soit l'action elle-même, jamais sa récompense ; ne pas être motivé par l'espoir d'un résultat, et ne pas se complaire dans l'inertie.

Helena Petronova Blavatsky

Chaque jour voit éclore une nouvelle tâche,
Chaque soir la voit se refermer ;
Une chose tentée, une chose accomplie
Et la nuit de repos est bien gagnée.

Henry Wadsworth Longfellow

L'oisiveté est le loisir des sots.

G. K. Chesterton

La beauté est la manifestation d'une sagesse plus vaste.

Oliver Wendell Holmes

L'homme raisonnable
s'adapte au monde ;
le déraisonnable persiste
à tenter d'adapter le monde
à sa personne. Donc, tout
progrès est le fait d'un
homme déraisonnable.

George Bernard Shaw

Ceux qui marchent en tête de la vérité et de la sagesse peuvent faire du miel avec une mauvaise herbe.

William Cowper

La compréhension des choses est supérieure à la sagesse.

Si Mohend U M'Hend

La première tâche de l'homme est de se donner naissance.

Erich Fromm

Le bonheur, à vrai dire, est toute la sagesse.

Charles Nodier

La félicité humaine dépend moins de grandes et rares bonnes fortunes que de petits avantages au quotidien.

Benjamin Franklin

La vie est un gros paquet de petites choses.

Oliver Wendell Holmes

La vie, c'est ce qui vous arrive quand vous êtes occupé à autre chose.

John Lennon

Lorsqu'on essaie de dépasser nos capacités, inutile de chercher le soutien des amis. C'est dans la défaite que les amis sont le mieux.

Henry Miller

Traitez les désastres comme des vétilles, mais jamais les vétilles comme des désastres.

Quentin Crisp

Heureux celui qui n'attend rien, car il ne sera jamais déçu.

Alexander Pope

Trébucher peut nous éviter de tomber.

Thomas Fuller

Lorsqu'on n'a pas une bonne raison pour faire une chose, on a une bonne raison pour y renoncer.

Walter Scott

Le meilleur moyen d'éviter une mauvaise action, c'est d'en faire une bonne, car rien n'est plus difficile que d'essayer de ne rien faire.

John Clare

L'art d'être sage, c'est l'art de savoir quoi ignorer.

William James

L'expérience prouve que ceux qui n'ont pas de vice ont très peu de vertus.

Abraham Lincoln

Une « question idiote » annonce un développement complètement nouveau.

Alfred North Whitehead

La plus grande leçon de la vie, c'est de savoir que même les imbéciles ont parfois raison.

Winston Churchill

Il y a une part de vérité dans toute idée qui dure assez longtemps pour être rebattue.

Irving Berlin

On ne devrait jamais avoir honte de reconnaître qu'on a eu tort, puisque c'est une manière de dire que l'on a à présent plus raison qu'hier.

Johnathan Swift

Si un dieu réside dans chaque être vivant, pourquoi haïssez-vous les autres ? Pourquoi leur lancez-vous des regards courroucés ? Pourquoi êtes-vous méprisants à leur égard ? Pourquoi employez-vous des mots durs ? Pourquoi essayez-vous de régner et de dominer ? Pourquoi exploitez-vous la bêtise ? N'est-ce pas pure ignorance ? Devenez sages et reposez en paix.

Sivananda

Pensées

On peut parier sur un bon cheval… mais on ne parie jamais assez sur le bon cheval.

Si cela ne vaut pas la peine d'être fait, cela ne vaut pas la peine d'être bien fait.

Bravoure et stupidité marchent main dans la main.

Une imagination puissante est un atout inestimable.

Les seules personnes qui puissent berner tout le monde en tout temps travaillent dans les grandes agences de pub.

Une salle de conférence, c'est un peu comme une chambre à coucher – sauf qu'en général, pour réussir en conférence, on est obligé de simuler la sincérité.

L'homme travaille dix fois plus qu'avant parce qu'il s'est aperçu que neuf fois sur dix, il se trompait.

Bonne santé et mauvaise mémoire sont des gages de bonheur.

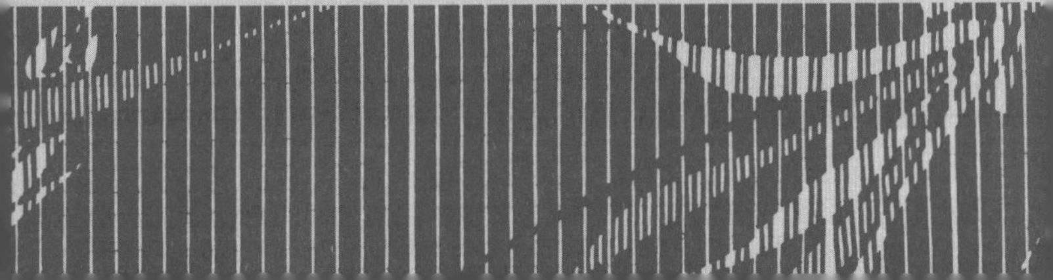

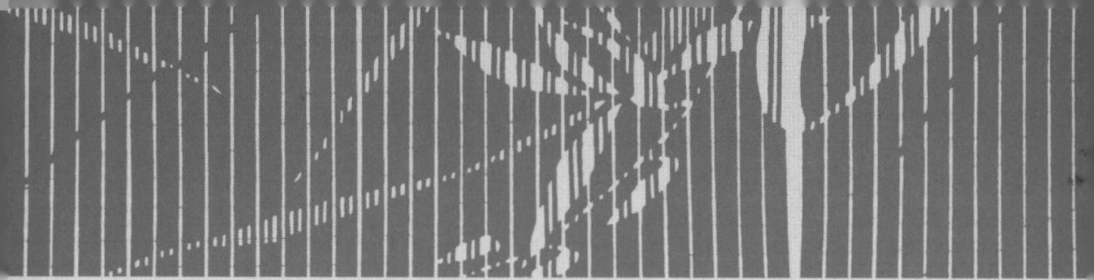

L’ignorance et la confiance en ont mené beaucoup au succès.

De quelque manière que vous y regardiez, pour que l’un réussisse il faut qu’un autre échoue.

Pour nous motiver,
et à plus forte raison
les autres, le moyen
plus rapide et le plus
sûr est un orage
d'imagination.

Certains traversent la vie sans faire d'erreur, d'autres la traversent en commettant beaucoup d'erreurs non détectées.

Il y a deux approches de la vie : une vie mal planifiée où tout prend trois fois plus de temps que prévu ; et une vie bien planifiée, où tout ne prend que deux fois plus de temps que prévu.

La sagesse nous apprend qu'une erreur a toute les chances de se reproduire.

Lorsqu'une chose cesse d'être un sujet de controverse, elle cesse d'être un sujet d'intérêt.

Oublier est tout aussi important que se rappeler.

Aucune autobiographie véritable n'a jamais été ni ne sera jamais écrite. Il y a toujours des choses que nous avons peur de dire sur nous.

Les gens dépensent des fortunes à essayer d'améliorer leur apparence alors que le meilleur soin de beauté se trouve gratuitement dans un sourire.

Le plus long chemin vers le monde est le plus court chemin vers soi-même.

L'envie raccourcit la vie.

Se laisser aller à s'ennuyer est une criminelle perte de temps.

Un héros est un homme
qui fait ce qu'il peut.

**L'amour a le pouvoir
de révéler le meilleur
– et le pire – de nous-mêmes.**

Qui atteint la sagesse par l'erreur mesure mieux sa valeur.

Ce ne sont pas toujours les plus agités qui en font le plus.

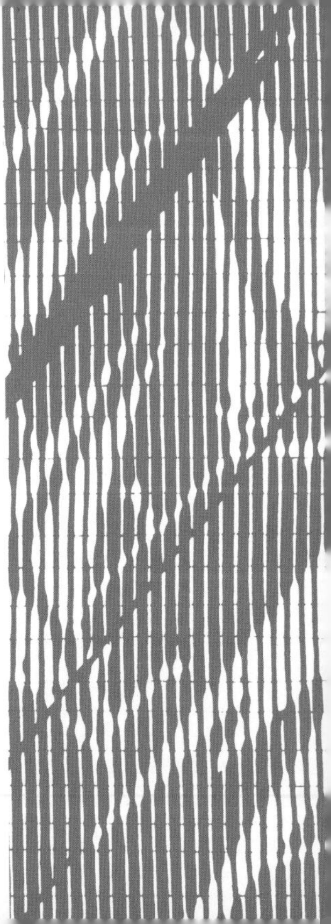

Les politiciens ont une manière bien à eux de redéfinir la notion de succès après chaque échec.

Les joueurs ont une manière bien à eux de faire d'un coup à 100 contre 1 des chances à 50-50.

Il est encore possible de prendre du plaisir avec ce pour quoi nous ne sommes pas très doués.

Il y a dans l'audace du génie, du pouvoir et de la magie.

L'éducation est la clé de la liberté.

L'orgueil est le plus destructeur des ennemis.

Les autres paient pour vos opinions, pas pour vos doutes.

Qui sommes-nous si nous pensons avec la pensée des autres ?

Une grande compréhension
augmente la capacité de tolérance.

Où il y a festin de mots, il y a
souvent famine de sagesse.

Il faut énormément de savoir pour savoir vraiment combien nous sommes ignorants.

Le sot ne fait que voir là où le sage regarde.

Qui n'a jamais aimé n'a jamais menti.

Le contraire du salut n'est pas le péché, mais l'habitude.

Sagesse après coup n'est pas sagesse.

On peut toujours critiquer le temps qu'il fait, il n'en tiendra pas compte.

Les mensonges sont la vérité déguisée.

Ce qui est nécessaire n'est jamais un risque.

Erreur n'est pas faute.
On peut commettre une erreur et la corriger, mais ce serait une faute d'être conscient d'une erreur et de ne rien faire pour la corriger.

Le désir est l'aiguillon de la créativité.

Expérience est mère de sagesse.

Tenir sa langue rend plus sage.

Petit esprit aime petite chose.

La sagesse se trouve entre prudence et confiance.

On peut abandonner lorsqu'on est en tête… mais on ne gagnera pas.

Chacun a sa chance dans la vie, mais il est souvent difficile de la reconnaître lorsqu'elle se présente.

Alors que l'ambitieux lutte pour arriver, le sage essaie simplement de bien faire son travail.

Notre culture s'inquiète trop de l'esprit : elle en a oublié l'âme.

Savoir, c'est pouvoir.
Pouvoir sans savoir est dangereux.

Qui ne sait pas pleurer de tout son cœur ne saura jamais rire.

Certains voient le couple et le mariage comme une destination, d'autres comme un voyage.

Le mieux que vous puissiez espérer faire, c'est faire de votre mieux.

Si vous pouvez concevoir votre peur, vous l'avez à moitié affrontée. Si vous pouvez l'affronter, vous l'avez à moitié vaincue.

La bonne opinion du sot ne vaut pas la peine d'être écoutée.

Suivez votre conscience.

Notre intelligence est ce qui nous permet d'avoir deux pensées contradictoires en même temps.

Est-il toujours raisonnable d'être raisonnable ?

Nous sommes la somme de nos expériences.

Sans pluie, pas de prés ;
sans ombre, pas de soleil ;
sans amertume,
pas de douceur.

Bon caractère est parfois plus agaçant que mauvais caractère.

Tout enseignement qui tend à nous sortir de l'obscurité pour nous exposer à la lumière de l'être laisse de gros nuages de doutes.

Pourquoi donc veut-on toujours rencontrer un esprit large et étendu à son point le plus étroit ?

Le sage sait que notre jugement est affecté lorsque notre imagination nous fait défaut.

Peut-on vraiment être moins que Dieu mais plus qu'un homme ?

La vengeance est une forme de justice sauvage qui ne fait que doubler la souffrance d'origine.

L'adversité a ses espoirs et ses conforts.

Le vice est à la prospérité ce que la vertu est à l'adversité.

Le monde aura toujours besoin de personnes capables d'imaginer ce qui n'a jamais été.

Ne vous contentez pas
de votre compagnie,
car si vous êtes toujours
avec vous-même,
vous finirez par devenir
votre propre bourreau.

Un esprit fermé est infiniment plus difficile à ouvrir qu'une porte.

Pourquoi tant d'hommes se sont-ils soumis à la quête du pouvoir, au détriment de leur liberté ?

La sévérité amène la peur.
La dureté amène la haine.

Les audacieux ont du mal à tenir leurs promesses.

La sagesse donne une autorité naturelle.

Avec la pensée, tous nos actes deviennent intentionnels.

Vous savez reconnaître la lumière, mais savez-vous imaginer ce qui en produira ?

Dans la charité, il n’y a jamais d’excès.

Éviter la superstition est un acte superstitieux.

Un esprit ouvert est le meilleur des compagnons de voyage.

Il est dangereux de voir un sage dans un homme rusé.

Discuter avec le fou n’est pas sage.

Certaines des plus grandes pensées de l'histoire de l'humanité ont simplement surgi par hasard dans l'esprit de certains.

Le sage n'allume pas toute sa maison juste pour se faire griller une tartine.

Si vous voulez gagner votre temps,
choisissez votre temps.

On n'est jamais plus seul qu'au milieu de la foule.

Le temps est en lui-même
la plus formidable des innovations.

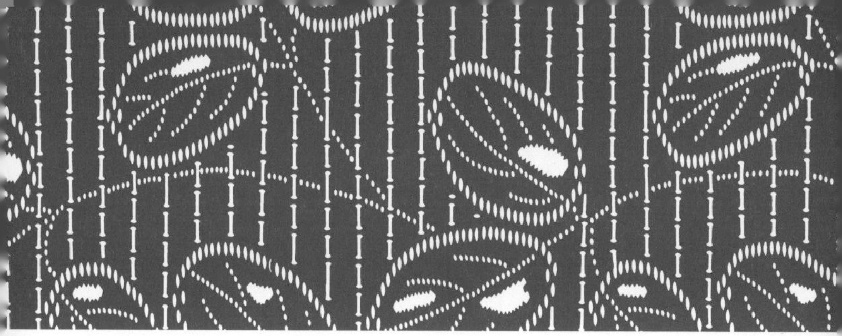

Le soupçon est une créature nocturne qui habite la nuit de vos pensées.

La richesse est un fardeau, les biens sont faits pour être dépensés.

Certains étudient
pour le plaisir
d'apprendre.
D'autres, pour avoir
un bon C.V.
D'autres encore,
parce que cela
leur donne
des capacités.

Qui sait peu soupçonne peu.

L'esprit est un jardin
qu'il faut parfois débarrasser
des mauvaises herbes.

Dans tout projet, les deux passages les plus difficiles sont le début et la fin.

Le seul chemin qui nous
mènera de la servitude
à la liberté est la pensée.

Une pensée commune à un groupe n'est pas plus forte que son maillon le plus faible.

Les grandes actions naissent des grandes pensées.

On ne peut apprendre ni comprendre sans pensée.

Nous sommes là où nos pensées nous ont emmenés, et nous allons là où elles nous mèneront demain.

Élève ton esprit, c'est ton outil le plus puissant.

Impossible de changer la vie sans changer d'abord notre mode de pensée.

Toutes nos craintes de la vie
et de la mort peuvent être
dissipées par le savoir.

Il faut beaucoup de courage
pour échapper aux mauvaises doctrines
accumulées autour de nous
depuis des siècles.

**La pensée amène la raison,
mais la raison est l'esclave
de la passion.**

Nos pensées sont un paradis où nous
pouvons retourner à volonté.

La sagesse
pousse sur
la même graine
que le bon sens.

La mémoire d'un
homme est sa
littérature privée.

Aldous Huxley

Vous avez peut-être bonne mémoire, mais êtes-vous assez sage pour savoir oublier ?

Ne vous reposez pas seulement sur votre mémoire, car cela détruirait votre pouvoir de pensée, dont on dit qu'il mène à la sagesse.

Le savoir sans sagesse est un toit sans maison dessous.

Quand l'apprentissage n'est pas tempéré par l'expérience, on découvre souvent un jugement faible.

Imaginer, c'est créer.

Le savoir a tendance à aller et venir, alors que la sagesse a tendance à s'accrocher.

Apprenez à ne pas vous soucier de ce que vous ne pouvez pas changer. L'inquiétude est destructrice.

L'imagination est la clé qui remonte le ressort du possible.

On est toujours libre d'imaginer.

Rien n'est plus satisfaisant que de transformer l'imagination en action.

Il faut adapter sa pensée à la question.

L'imagination est un tout autre univers, où tout est possible.

Toute situation
qui vaut la peine
d'être comprise
est déconcertante.

Sagesse des Anciens

Le savoir, l'objet du savoir et le savant sont les trois facteurs qui motivent l'action ; les sens, le travail et celui qui agit forment le triptyque à la base de l'action.

Bhagavad Gita

Le ciel n'aide jamais celui qui ne veut pas agir.

Sophocle

Ne perdez plus de temps à dire ce que doit être un homme bon. Soyez-en un.

Marc Aurèle

Ce que l'on a, il faut l'utiliser : et ce que l'on fait doit être fait de tout notre être.

Cicéron

Une vie non réfléchie ne vaut pas d'être vécue.

Socrate

Dans la recherche de la sagesse,
le premier stade est le silence,
le second, l'écoute, le troisième, la
mémoire, le quatrième, l'entraînement,
le cinquième, l'enseignement.

Salomon Ibn Gabiro

L'homme supérieur agit avant de parler, puis parle en accord avec ses actes.

Confucius

Mal agir est courant. Bien agir sans risque est commun. Mais c'est le fait du grand homme de commettre des actes nobles et bons même en prenant tous les risques.

Plutarque

L'avarice, la luxure, la peur, la colère, la mauvaise fortune, l'insatisfaction dérivent toutes de la déraison. Donc, la déraison est le pire des poisons.

Bouddha

L'homme n'a pas le pouvoir d'être infaillible ; mais de leurs fautes et de leurs erreurs, le sage et le bon apprennent à être plus sages à l'avenir.

Plutarque

Le bien du peuple est la règle suprême.

Cicéron

Le pin reste vert en hiver –
sagesse dans l'épreuve.

Proverbe chinois

Dans la jeunesse et la beauté, la sagesse est rarement trouvée !

Homère

On trompe les enfants avec des jouets,
et les hommes avec des serments.

Lysandre

Dans la sagesse et la compréhension, nous avons l'archétype du positif et du négatif, les essences mâle et femelle primordiales, établies par notre expression. C'est de ces paires primaires d'opposés que surgissent les piliers de l'univers, entre lesquels est tissée la toile de la manifestation.

La kabbale

Rien n'est plus absurde,
mais un philosophe l'a dit.

Cicéron

La sagesse ne contredit jamais la nature.

Juvénal

À chaque mauvais tournant de la fortune, le plus malheureux est d'avoir été heureux.

Boethius

La haine est une colère invétérée.

Cicéron

L'homme est la mesure de toute chose.

Protagoras

Si vous rencontrez quelqu'un de meilleur que vous, attachez-vous à devenir son égal. Si vous rencontrez quelqu'un de moins bon que vous, regardez-vous et examinez votre moi.

Confucius

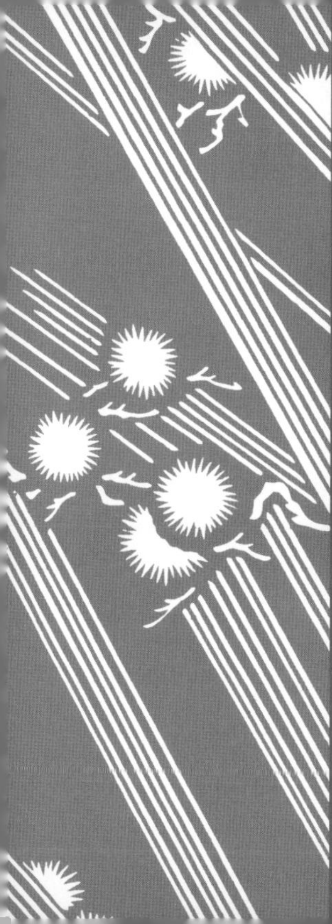

De même qu'un tissu uni est le meilleur ornement pour une belle femme, un comportement décent est le plus bel ornement de la sagesse intérieure.

Akhenaton

La colère est une folie temporaire.

Horace

Les grands hommes ont la terre entière pour mémorial.

Périclès

Au-delà de tous les prix, ne pas être né est ce qu'il y a de mieux.

Sophocle

Lorsqu'un homme meurt, qu'est-ce qui ne le quitte pas ? La voix d'un mort se fond dans le feu, son souffle dans le vent, ses yeux dans le soleil, son âme dans la lune, son audition dans les quartiers du paradis, son corps dans la terre, son esprit dans l'espace, ses cheveux dans les plantes, son sang et sa semence dans l'eau, et que devient sa personne ? Ce qui reste, c'est l'action. Sa qualité devient destin. En vérité, on devient bon en agissant bien, et mauvais en agissant mal.

Upanisad

À faire de nombreux livres il n'y a pas de fin ; et trop d'étude est lassitude de la chair.

L'Ecclésiaste 12 ; 12

Qui donne rapidement donne deux fois plus.

Publilius

L'homme supérieur cherche ce qui est juste ; l'homme inférieur, ce qui est profitable.

Confucius

Une action n'est pas bien accomplie si son auteur doit s'en repentir, et si en récompense il reçoit des pleurs et un visage en larmes. Non, une action est bien accomplie lorsque son auteur ne s'en repent pas, et qu'il en reçoit la récompense avec bonheur et joie.

Le Dhammapada

Car rien n'est plus idiot qu'un rire idiot.

Catulle

Mieux vaut une bonne action près d'un foyer que partir au loin pour brûler de l'encens.

Proverbe chinois

On ne traverse jamais deux fois la même rivière.

Héraclite

Nécessité fait loi.

Publilius Syrus

Ne vivez pas comme si vous aviez cent ans devant vous. Le destin vous attend ; rendez-vous bon tant que la vie et le pouvoir sont encore à vous.

Marc Aurèle

L'homme est par nature un animal politique.

Aristote

Les hommes ne reconnaissent pas une bonne action, à moins qu'elle n'apporte un bénéfice.

Ovide

Si vous voulez atteindre le sommet, commencez tout en bas.

Publilius Syrus

C'est un courant descendant d'activité pure qui est la force dynamique de l'univers.

La kabbale

Toutes les actions humaines ont l'une de ces sept causes : hasard, nature, contraintes, habitude, raison, passion, désir.

Aristote

La tragédie est donc une représentation d'une action digne d'une attention sérieuse, complète en soi et d'une certaine amplitude – pour provoquer la purgation d'émotions telles que la pitié et la peur.

Aristote

Parler de bonté n'est pas être bon – c'est agir qui l'est.

Proverbe chinois

Je suis un homme, je ne compte rien d'humain comme étranger à moi.

Térence

Faire de bonnes actions est la tâche la plus glorieuse pour un homme.

Sophocle

Un arbre est connu par son fruit ; un homme, par ses actes. Une bonne action n'est jamais perdue, et qui sème la courtoisie récolte l'amitié, et qui plante la bonté récolte l'amour.

Basile

Chassez le naturel, il revient par la fenêtre.

Horace

Nécessité est mère de l'invention.

Platon

Tout le monde peut tenir la barre quand la mer est calme.

Publilius Syrus

Ils sont capables parce qu'ils se croient capables.

Virgile

Il y a autant d'opinions que d'individus : chacune est correcte à sa manière.

Térence

L’homme est un loup pour l’homme tant qu’il n’a pas trouvé ce qu’il est.

Plaute

Ô fou, fou ! Le mal que tu te
donnes pour cacher ce que
tu es est bien plus grand que
de te montrer tel que tu es ;
et les fils de la sagesse
se moqueront de tes ruses,
lorsque tu te croiras
en sécurité ton déguisement
te sera arraché, et le doigt
de la dérision te pointera pour
te railler.

Akhenaton

La vie est si courte, l'art si long à apprendre.

Hippocrate

Savoir sans justice devrait être appelé ruse plutôt que sagesse.

Platon

Il y a beaucoup de merveilles,
et rien n'est plus merveilleux
que l'homme.

Sophocle

Ne soyez pas effrayé ni dérouté par la lumière ardente, brillante, éclatante et claire de la sagesse suprême.

Le Livre tibétain des morts

Comme la chenille, arrivée au bout d'un brin d'herbe, se tend vers un autre brin et se hisse dessus, de même l'âme, quittant le corps et la déraison, se tend vers un autre corps et se propulse jusqu'à lui.

Upanisad

C'est la fortune, et non la sagesse, qui régit la vie de l'homme.

Cicéron

La vraie sagesse est moins de présomption que de folie. Le sage doute souvent, et change d'avis ; le fou est obstiné et ne doute pas ; il connaît tout sauf son ignorance.

Akhenaton

La poésie est une chose plus philosophique et plus digne d'attention sérieuse que l'histoire.

Aristote

À grands doutes,
sagesse profonde.
À petits doutes,
sagesse limitée.

Proverbe chinois

Là où est la peur,
la sagesse ne peut exister.

Lactance

Dans la profonde obscurité
tombent ceux qui suivent l'action.
Dans une plus profonde obscurité
tombent ceux qui suivent le savoir.
Il est des mondes sans joie,
des régions de pures ténèbres.
Dans ces mondes vont après la
mort ceux qui, dans leur déraison,
ne se sont pas éveillés à la lumière.

Upanisad

Comme un feu allumé consume
le combustible, ainsi dans la flamme
de la sagesse les braises de l'action
sont réduites en cendres.

Bhagavad Gita

Celui qui fait tout ce qui mène au bonheur dépend de lui-même et non des autres, il a choisi le meilleur plan pour vivre heureux. C'est un homme de modération, de détermination et de sagesse.

Platon

L'argent n'a pas d'odeur.

Vespasien

Rien ne se crée à partir du néant.

Lucrèce

Silence à la bonne saison est sagesse et vaut plus que tous les discours.

Plutarque

Dans le voyage de la vie, la foi est une nourriture, les actes vertueux un abri, la sagesse est lumière le jour et un esprit juste est une protection la nuit. Si un homme mène une vie pure, rien ne peut le détruire, s'il a vaincu l'avidité rien ne peut limiter sa liberté.

Bouddha

De la souffrance
vient la sagesse.

Eschyle

Se satisfaire de peu est la plus grande sagesse ; et qui augmente ses richesses augmente ses soins ; mais un esprit comblé est un trésor caché, et le souci ne le trouve pas.

Akhenaton

C'est l'observation, et non le grand âge, qui rend sage.

Publilius Syrus

Tant que tu regardes le chemin,
Tant que ton pas est sûr,
Tant que ta sagesse est intacte,
Tu en récolteras le profit.

Nagarjuna

La reine de la vérité est reine des reines. Sa lignée est la plus pure et la plus haute. Elle règne non seulement sur les quatre coins du monde, mais elle est aussi souveraine de la sagesse et protectrice de tous les enseignements vertueux.

Bouddha

Ce qui est dit est suffisant pour qui est sensé.

Plaute

**La vertu consiste à éviter le vice,
et c'est la sagesse supérieure.**

Horace

Deviens sage : et avec tous tes acquis, deviens compréhensif.

Proverbes

**La pureté engendre la sagesse,
la passion l'avarice, et l'ignorance
la folie, la vanité et les ténèbres.**

Bhagavad Gita

La sagesse construit une maison, et la compréhension la consolide ; le savoir garnit les pièces de toutes richesses précieuses et plaisantes. Un homme sage a plus de pouvoir qu'un homme fort ; et un homme de savoir plus qu'un homme qui a la force.

Proverbes

Les lois sont des toiles d'araignée :
si une pauvre créature faible les
rencontre, elle est capturée ;
mais une créature plus forte peut
les traverser et leur échapper.

Solon

Tout comme l'on découvre des trésors sous la terre, la vertu jaillit des bonnes actions, et la sagesse jaillit d'une âme pure et en paix. Pour traverser sans encombre le labyrinthe de la vie humaine, il faut la lumière qu'est la sagesse et le guide qu'est la vertu.

Bouddha

La philosophie, dans sa juste définition,
est simplement l'amour de la sagesse.

Cicéron

La sagesse éternelle des cieux
a décrété que l'homme
a toujours besoin de l'homme.

Théocrite

Nous sommes plus curieux
de la signification de nos rêves
que de ce que nous voyons
à l'état de veille.

Diogène

Pour jouir d'une bonne santé, pour donner le vrai bonheur à sa famille, pour apporter la paix à tous, il faut se discipliner et contrôler son esprit. Qui contrôle son esprit peut trouver la voie de la Clarté, et sagesse et vertu lui viendront naturellement.

Bouddha

Connais-toi toi-même.

Temple d'Apollon à Delphes.

Toi, homme, tu ne peux parler seul. Émerveille-toi de tes glorieuses prérogatives ; et adresse à Celui qui te les donna une prière sensée et attendue, en enseignant à tes enfants la sagesse, en instruisant le fruit de tes reins dans la piété.

Akhenaton

La bonne définition de la philosophie est simplement : l'amour de la sagesse.

Cicéron

En cherchant la sagesse tu es sage ; en imaginant que tu l'as trouvée, tu es fou.

Le Talmud

Un court
dicton est
souvent
riche en
sagesse.

Sophocle

**Je vieillis en
apprenant
sans cesse
de nouvelles
choses.**

Solon

Trois méthodes nous apprennent la sagesse : la première, la réflexion, est noble ; la seconde, l'imitation, est facile ; la troisième, l'expérience, est amère.

Confucius

La vraie sagesse consiste non à voir ce qui est juste sous nos yeux, mais à prévoir ce qui viendra.

Térence

La sagesse conquiert la fortune.

Juvénal

Préférez les impossibilités probables
aux possibilités improbables.

Aristote

Celui dont la sagesse excède son œuvre, à quoi le comparer ? À un arbre dont les branches sont nombreuses mais les racines, rares. Vienne le vent, et il se déracine et se couche à terre.

Le Talmud

La parfaite sagesse a quatre parts :
Sagesse, le principe de bien faire.
Justice, le principe d'agir avec équité en public et en privé.
Fortitude, le principe de ne pas fuir le danger mais de l'affronter.
Tempérance, le principe de surmonter ses désirs et de vivre avec modération.

Platon

Ne dis pas qu'un homme est heureux avant sa mort, au mieux il est chanceux.

Solon

Le fou qui connaît sa folie a au moins cette sagesse, mais le fou qui se croit sage est vraiment fou.

Le Dhammapada

Le sage parle parce qu'il a quelque chose à dire ; le fou parle parce qu'il veut dire quelque chose.

Platon

Les sages apprennent plus des fous
que les fous n'apprennent des sages.

Caton l'Ancien

Qu'ils haïssent,
du moment qu'ils
ont peur.

Accius

Il ne faut pas écouter ceux qui répètent que la voix du peuple est la voix de Dieu.

Alcuin

Même Dieu ne peut changer le passé.

Agathon

Lorsque Dieu se prépare à faire du mal à un homme, Il endommage d'abord son esprit.

Sophocle

Platon m'est cher, mais la vérité m'est plus chère encore.

Aristote

Aimer apprendre est proche de la sagesse ; s'y attacher avec vigueur est proche de la bienveillance ; avoir conscience de la honte est proche de la fortitude. Qui sait ces trois choses sait cultiver son caractère.

Confucius

Donnez-moi chasteté et continence… mais pas encore !

Saint Augustin

Tel on agit et se conduit, tel on devient. Qui fait le bien devient bon. Qui fait le mal devient mauvais.

Upanisad

Jamais moins oisif que lorsqu'on est complètement oisif, jamais moins seul que lorsqu'on est complètement seul.

Cicéron

Celui dont la peur du péché surpasse la sagesse verra sa sagesse perdurer ; mais celui dont la sagesse surpasse la peur du péché ne verra pas sa sagesse perdurer. Celui dont le travail surpasse la sagesse verra sa sagesse perdurer ; mais celui dont la sagesse surpasse son travail ne verra pas sa sagesse perdurer.

Le Talmud

L'histoire, c'est de la philosophie par l'exemple.

Dionysius d'Halicarnasse

Si je ne suis pas pour moi-même, qui l'est pour moi ? Et à être pour moi-même, qui suis-je ? Si je ne suis maintenant, quand ?

Hillel l'Aîné

Tout coule, rien ne demeure.

Héraclite

Tout comme une fleur belle et colorée
mais sans parfum, ainsi sont
les paroles stériles de celui qui parle
mais n'agit pas.

Le Dhammapada

Le ciel et la terre ne prennent pas pitié ;
pour eux, les Dix mille choses
ne sont que chiens errants.

Lao-Tseu

Une fois lancé, un mot prend son vol
irrévocablement.

Horace

Comme il est beau, quand le vent agite les vagues sur la mer immense, de regarder depuis la terre les grands efforts d'un autre.

Lucrèce

Qui est aimé de Dieu meurt jeune.

Ménandre

N'importe qui peut arrêter la vie d'un homme, mais personne ne peut empêcher sa propre mort : mille portes s'ouvrent sur elle.

Sénèque

Qui fait un faux serment reconnaît qu'il craint son ennemi, mais qu'il a une basse opinion de Dieu.

Plutarque

Que celui qui veut la paix se prépare pour la guerre.

Végétius

Un chien vivant
vaut plus
qu'un lion mort.

L'Ecclésiaste 9;4

Les enseignements des beaux dictons devraient être recueillis à chaque occasion. Car le cadeau suprême des paroles de sagesse n'a pas de prix.

Nagarjuna

Proverbes

La boisson
est une malédiction.
À cause d'elle, on
se bat avec le voisin.
On tire sur le
propriétaire.
Et en plus,
on le regrette.

Vent de face rend sage.

**L'orgueil précède la destruction,
un esprit hautain précède la chute.**

Plus vieux est le violon,
plus doux est le son.

**Ce qui est bon
pour l'oie
est bon
pour le jars.**

Si tu te couches
avec les chiens,
tu te lèveras
avec des puces.

Vante-toi de demain ; car qui sait de quoi demain sera fait ?

La sagesse surpasse la folie, tant que la lumière surpasse l'obscurité.

À la lumière du feu, vous ne lirez pas de belles histoires, mais vous ne verrez pas non plus la poussière par terre.

Inutile d'avoir un parapluie si vos chaussures sont trouées.

Pour que le cœur d'un homme reste fidèle, mieux vaut que sa bourse soit pleine.

L'humour, c'est comme
un oreiller en plumes :
un matériau sain,
un grand confort.

Une truite dans la poêle est meilleure
qu'un saumon dans la mer.

Mieux vaut une paire de bonnes semelles que deux paires de bonnes guêtres.

Un balai neuf nettoie tout.

Moins on en dit,
plus vite on se réconcilie.

Les cafards se reconnaissent entre eux.

Qui répand des ragots
brise des amitiés.

Ne répondez pas au fou
sur le ton de sa folie.

Une bouche muette
est douce à l'oreille.

Pour un cheval aveugle, un clin
d'œil vaut un hochement de tête.

Tant va la cruche à l'eau
qu'à la fin elle se casse.

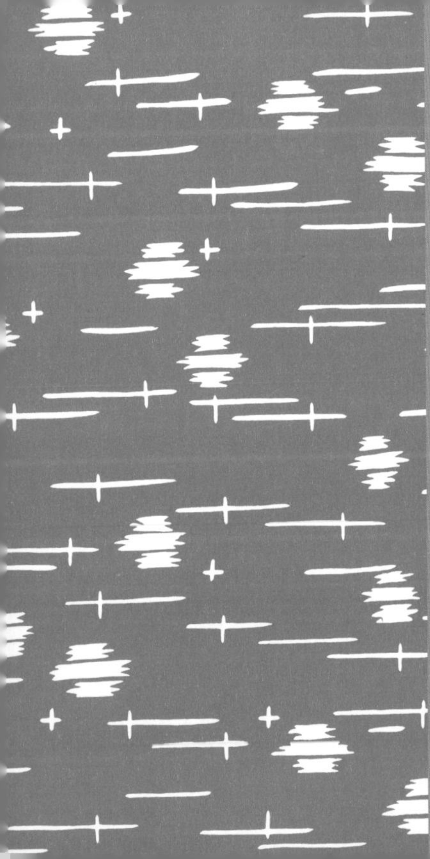

Il reste
dans la
mer des
poissons
meilleurs
que tout
ce qui a
jamais
été
pêché.

On ne laboure pas un champ en le retournant dans sa tête.

Ce sont les vieilles pipes qui font la meilleure fumée.

Il faut casser la coquille pour manger la noix.

Tout malade est médecin après sa cure.

On ne donne pas de confiture à des cochons, ni de conseils à des imbéciles.

Tous les mariages sont heureux. C'est prendre le petit déjeuner ensemble qui pose problème.

L'encre d'un savant a plus de durée que le sang d'un martyr.

Acceptez les cadeaux en soupirant : la plupart des hommes donnent pour recevoir.

Un esprit blessé est le plus lourd des fardeaux.

Bonne renommée vaut mieux que ceinture dorée.

Les richesses se fabriquent leurs ailes.

Une bonne nouvelle venue de loin est eau fraîche pour une âme assoiffée.

Seul l'imbécile méprise l'ordinaire.

Tu ne veux pas qu'on te mente ? Ne pose pas de questions.

Sagesse et vertu sont comme les deux roues d'un chariot.

Sage est celui qui a deux pains, et en vend un pour acheter un lys.

Les esprits vifs ont la mémoire courte.

L'oreille jalouse entend tout.

Saisissez l'instant !

S'il n'y avait pas de bas, il n'y aurait pas de haut.

Les meilleurs vins sortent des vieux tonneaux.

Les problèmes donnent de l'expérience, qui donne de la sagesse.

Un vieux chariot bien entretenu durera plus qu'un neuf mal utilisé.

Le vieux bœuf trace un sillon droit.

Quand le grand âge est mauvais, la jeunesse ne peut rien apprendre de bon.

Le délice de l'un
est le poison d'un autre.

La fortune sourit aux innocents.

Plutôt fou qu'esclave.

Les jeunes prennent les vieux pour des idiots, les vieux savent que les jeunes le sont.

Le sot demande beaucoup, plus sot encore est celui qui lui donne.

Fou un jour, jamais sage.

Pour faire l'imbécile, il faut être au moins deux.

Fou est celui qui s'oublie lui-même.

Ne faites pas l'idiot pour faire rire les autres.

Il est sot de
penser
que les autres
ne pensent pas.

Le sage fait les dictons,
le sot les répète.

**On peut faire croire n'importe quoi
à un imbécile.**

Le sage apprend des torts des autres
L'idiot apprend tout seul.

**Un sot et son argent ne restent
jamais longtemps ensemble.**

Mieux vaut
ne rien promettre
que promettre
et ne pas tenir.

Seul le sot se réjouit des promesses.

Qui travaille bien dort bien.

Dans la prospérité, soyez joyeux ; mais dans l'adversité, réfléchissez.

Il n’y a rien de meilleur à faire sous le soleil que manger, boire et rire.

Ne soyez pas curieux à tort et à travers, car l’homme voit bien plus de choses qu’il n’en comprend.

Festoyer à crédit, c’est de la mendicité.

La mèche du fouet marque la chair ; mais la mèche d'un ragot peut briser les os.

Envie et rage raccourcissent la vie.

Un pot vide résonne plus fort.

Si les sots n'allaient pas au marché, il n'y aurait pas de camelote à vendre.

Un oiseau dans la main vaut mieux que deux dans le buisson.

Tout petit scarabée est une gazelle aux yeux de sa mère.

La langue d'un sot est assez longue pour lui couper la gorge.

Les ânes aiment s'entendre braire.

Ne prêtez que ce que vous avez les moyens de perdre.

Ne jugez jamais sur les apparences.

Le sot peut, parfois, être de bon conseil pour le sage.

Il faudrait au sage au moins sept années pour répondre aux questions que le sot est capable de poser en une heure.

Les méchants n'ont pas de repos.

La folie et l'apprentissage cohabitent souvent.

Le diable trouve toujours du travail pour les mains oisives.

Enfants et sots vivent heureux.

Qui creuse un puits peut y tomber.

Qui regarde le vent ne sème pas ; qui regarde les nuages ne récolte pas.

Tout a une fin, sauf le saucisson qui en a deux.

Quand un aveugle mène les aveugles, tout le monde tombe dans le fossé.

Ne comptez pas les poussins avant qu'ils aient éclos.

Un grand homme ne méprise jamais la simplicité de l'enfant.

Souci partagé est souci divisé.

Ne croyez rien de ce que vous entendez, et la moitié de ce que vous voyez.

Il faut manger pour vivre et non vivre pour manger.

Le savoir
est un trésor qui
accompagne son
propriétaire partout.

Langue muette rend la tête sage.

Gardez quelque chose
pour les jours de pluie.

**Plus d’allant,
moins de précipitation.**

Vous qui serez les juges de la terre, chérissez la rigueur.

Un cœur joyeux donne l'air gai.

Modération en tout.

L'ombre d'un vieux péché est longue.

On ne peut pas plaire à tout le monde en tout temps.

Le sot vit pauvre et meurt riche.

On peut mener un cheval à la rivière, mais on ne peut le forcer à boire.

Avant de courir, apprenez à marcher.

Gardez la bouche fermée
et les yeux ouverts.

À jouer avec le feu, on se brûle
les doigts.

L'honnêteté est la meilleure
des politiques.

Qui est son propre avocat
a un sot pour client.

**Une bonne frayeur vaut
plus qu'un bon conseil.**

Dans un siècle, tout sera
encore de même.

Qui voyage seul
voyage plus vite.

**La science est mère
de toutes les vertus ;
L'ignorance est mère
de tous les vices.**

Qui sait peu le répète souvent.

Les bonnes clôtures font les bons voisins.

Si vous lancez de la terre, attendez-vous à être sali.

Hors des dettes, hors de danger.

Loin des yeux, loin du cœur.

L'enfer est pavé de bonnes intentions.

Le temps et la marée n'attendent jamais les hommes.

Sagesse pour la vie

Dans ma vie de compositeur, ce sont les erreurs et les fausses suppositions qui m'ont le plus appris, et non une exposition sur les fonts de la sagesse et du savoir.

Igor Stravinsky

Chacun de nous est l'auteur de son histoire, dont une nouvelle page est à écrire chaque jour.

Pour un sage,
le bonheur n’est pas
d’avoir ce qu’il veut
mais de vouloir
ce qu’il a.

On ne peut pas se serrer la main le poing fermé.

Indira Gandhi

Apprenez des politiciens : quand vous jetez de la terre à vos adversaires, vous ne faites que perdre pied.

Choisissez d'être positif.

Quoi
que vous
fassiez,
le monde
vous
regarde.

Si vous
voulez être
compris,
dites
exactement
votre
pensée.

On ne peut pas faire de grandes choses. On peut faire de petites choses avec beaucoup d'amour.

Mère Teresa

Mieux vaut se concentrer sur l'effort que sur le résultat.

Le sage sait que la patience permet d'en faire beaucoup plus que la force.

Je pense que ce serait folie de mettre
quatre cents personnes dans
un tube en métal avec des ailes
et de les envoyer dans le ciel.

Je pense que ce serait folie de placer toute une famille dans une boîte en métal avec des roues et de les propulser au ras du sol à 130 km/h.

Je pense que ce serait folie d'essayer d'envoyer des hommes sur la lune.

Je pense que ce serait folie d'ouvrir la poitrine d'un homme pour aller bricoler son cœur.

Il est aussi important de suivre vos rêves quand tout va mal que quand tout va bien.

Le succès ne viendra jamais vous voir si vous restez à l'attendre.

Tout le monde peut avoir son opinion sur vous, mais ne le prenez pas à cœur : ce qui compte, c'est votre opinion sur vous.

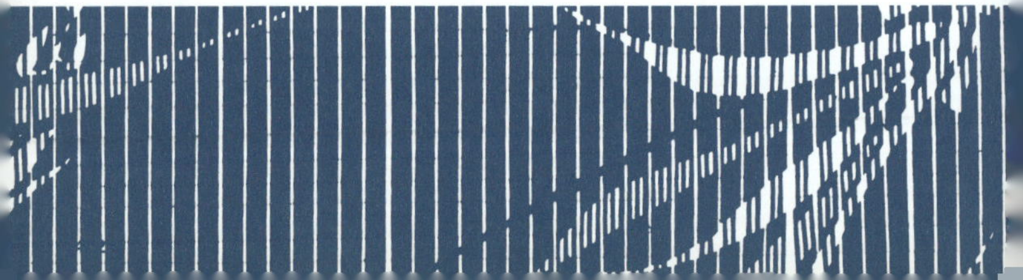

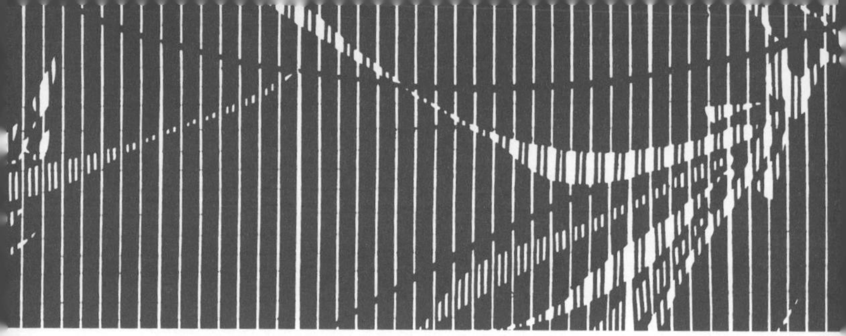

Le pardon n'est pas un acte isolé, c'est une attitude.

Ne vous laissez pas démoraliser par les critiques.

Chaque jour,
de grandes choses
sont accomplies par
des gens ordinaires.

Ce qui est juste ne plaît pas toujours, mais il ne serait pas sage d'être injuste pour plaire.

Le succès se cache
en chacun de nous.

Parfois, on gagne.
Parfois, on perd.
Parfois, on démolit.

Cherchez. Préparez. Agissez.

L'échec n'est jamais
écrit à l'avance.

Soyez jeune
maintenant.
Vous pourrez
toujours vieillir
plus tard.

Pourquoi se précipiter ? Regardez le diamant. Il a commencé par être un morceau de charbon.

Notre conquête, ce n'est pas la montagne. C'est nous-mêmes.

Sir Edmund Hillary

Ce qu'un homme accueille
en reculant, un autre
le transforme en élan.

Ne placez jamais les affaires au-dessus de la famille et des amis.

Si vous vous précipitez sur les conclusions, vous vous ferez mal en tombant.

La vie n'est pas une question de hasard, c'est une question de choix.

Il est
bien plus
sage de
connaître
que
d'être
connu.

Parfois, dans la compagnie des autres, il faut vous imaginer comme vous êtes lorsque personne n'est là.

En tout ce que vous faites, demandez-vous : « Est-ce mieux que juste assez ? »

Beaucoup cherchent une vie facile. Ceux qui gagnent cherchent à devenir plus forts.

Personne ne peut savoir où il va s'il ne sait exactement d'où il vient et comment il est arrivé où il est.

Maya Angelou

Essayez de ne passer à côté d'aucune des aventures offertes par la vie.

La première conquête de l'aventurier, c'est lui-même.

Il est parfaitement possible de mourir très vieux sans avoir jamais vécu.

Les souvenirs sont formidables, mais ne les laissez jamais jeter une ombre sur vos rêves.

Le sage rit souvent,
et beaucoup.

Le sage gagne le respect
de l'intelligent.

Le sage cherche la beauté en tout.

Le sage s'attache à voir le meilleur chez les autres.

Le sage tend à faire du monde un endroit meilleur.

La difficulté est un catalyseur pour les miracles.

La fin de la chenille est le début du papillon.

Il est vital de ne jamais oublier que la personne la plus facile à berner, c'est soi-même.

Le sens
de la vie,
c'est que
personne
ne connaît
le sens
de la vie.

Woody Allen

Si vos actes ont contribué à rendre meilleure ne serait-ce qu'une seule autre vie, vous pouvez vous dire que votre vie aura été un succès.

Ne vous prenez jamais comme modèle.

Certains voudraient apprendre en quelques jours ce qui prend des années à comprendre. Les jours nous apprennent peu, les années sont de grands professeurs.

Dans une équipe, tout le monde a une valeur égale.

Retournez-vous
sur votre vie.
Puis, regardez en
avant de votre vie.
Puis, regardez votre
vie de l'intérieur.

Un jour d'ennui
est perdu pour toujours.

C'est le coureur de tête qui règle la vitesse du peloton.

L'homme inquiet qui réussit à sourire déstabilise ses ennemis bien plus sûrement que s'il se recroqueville.

Pour me punir
de mon mépris
de l'autorité, le destin
a fait de moi une
autorité.

Albert Einstein

Le sage trouve chaque jour une raison pour rire, même si c'est de lui-même.

Dans la vie, nous cherchons souvent à dissimuler nos erreurs, alors que l'artiste, dans sa sagesse, en choisit pour les exhiber.

Tout le monde a connu la mauvaise fortune, comme tout le monde a des dons.

La science a trouvé un remède pour la plupart des maux, mais elle n'en a trouvé aucun pour le pire d'entre eux : l'apathie du genre humain.

Nous ne plantons pas des arbres pour nous, mais pour la postérité.

Préparez-vous à prendre des risques : si vous attendez le moment parfait, il ne viendra pas.

Appréciez la gentillesse chez les autres, mais ne comptez pas dessus.

La perfection a un grand défaut ; elle est souvent assommante.

Somerset Maugham

Les leçons apprises sont des ponts qui traversent la rivière des regrets.

Évitez de parler sous l'emprise de la colère : une parole malheureuse ne s'efface pas.

Si vous avez un but dans la vie, que ce soit de réaliser votre potentiel.

Le sage mesure la valeur
de la gentillesse.

Avec la gratitude, ce que nous avons devient suffisant, et plus.

La gratitude peut transformer
un repas en festin.

Ne jugez pas votre journée à l'aune de ce que vous avez récolté, mais de ce que vous avez semé.

Il serait déraisonnable de penser
que vous valez moins que les autres.
Ils risqueraient de vous prendre au mot.

**Seule la sagesse peut vous montrer
que croire en ce qu'on ne voit pas
permet de voir ce que l'on croit.
On appelle cela la foi.**

C'est quand vous avez le plus envie
d'abandonner que vous êtes au plus
près du but.

Trompez votre propriétaire
si vous le pouvez et si vous
le devez, mais n'essayez pas
d'escroquer la Muse.
Cela ne peut pas se faire.
On ne peut pas plus feindre
la qualité qu'on ne peut feindre
un bon repas.

William S. Burroughs

Ceux qui ne veulent imiter personne
ne créent jamais rien.

Salvador Dali

Le succès, comme l'échec,
n'est jamais permanent.

Les problèmes sont une composante inévitable de la vie, de même que votre capacité à les résoudre.

Pour résoudre sagement un problème, il faut s'en inquiéter.

Si vous laissez l'autre vous mettre en colère, il a gagné.

Ne craignez pas la peur, c'est un instinct de survie – utilisez-la dans ce sens.

La peur est au centre
de la sagesse : l'ignorer mène
à des actes déraisonnables.

Ne gaspillez pas vos larmes
pour les chagrins d'hier.

Euripide

Se relever après une chute
procure un sentiment merveilleux.

Si je crois que je peux réussir, j'acquerrai sûrement la capacité de réussir, même si je ne l'ai pas au départ.

Mahatma Gandhi

Pas besoin qu'il fasse nuit pour atteindre les étoiles : elles sont toujours là, à attendre qu'on les touche.

Ne vous laissez pas démoraliser par vos échecs passés. Mieux vaut vous concentrer sur ce que vous pouvez encore réussir.

Le plus beau cadeau
que la vie nous fera jamais,
c'est nous-mêmes.

N’attendez pas des autres ce que vous n’avez pas l’intention de faire vous-même.

Le pire échec, c’est d’échouer à essayer.

Il faut parfois choisir entre ne pas finir beaucoup de choses et en finir quelques-unes.

Personne ne devient grand sans devenir, au préalable, bon.

Ne croyez pas que si peu de gens se plaignent, c'est que la plupart vont bien.

Le sage voit ce qu'il est censé voir, le sot essaie d'en voir autant qu'il peut.

Exterminer le passé,
c'est exterminer l'avenir.

Une tape sur
l'épaule bien
placée quand
tout va bien
en fait plus
que hurler sur
cinquante
personnes
quand tout
va mal.

Le succès dans la vie ne se mesure pas aux biens matériels.

Ne mesurez pas votre succès à votre place dans la vie, mais aux obstacles que vous avez surmontés.

Il ne devrait pas y avoir de demi-mesures dans la vie…
allez jusqu'au bout.

Apprenez à vous accepter avant d'attendre des autres qu'ils vous acceptent.

Seuls les poissons morts
suivent le courant.

**Pourquoi les trois aveux
les plus difficiles sont-ils :
« Je suis désolé »,
« J'ai eu tort »
et « Je t'aime » ?**

Il ne faut pas vous attendre
à pouvoir contrôler
ce qui se passe à l'extérieur
si vous n'êtes pas capable
de contrôler ce qui se passe
à l'intérieur.

Personne n'est heureux sans cesse. La vie est faite de moments bons ou mauvais, et les uns ne peuvent exister sans les autres, tout comme il n'y a pas de lumière sans obscurité.

Le sage n'est pas celui qui donne les bonnes réponses, c'est celui qui pose les bonnes questions.

Tout artiste rêve de retourner au silence, tout comme certaines créatures retournent à la mer pour frayer.

Iris Murdoch

Le mensonge est dans l'intention, pas dans les mots.

Les mots sont la drogue la plus dure dont disposent les hommes.

Rudyard Kipling

Pourquoi rejetons-nous tous les faits et les théories qui ne nous servent à rien ?

La sagesse ne vient qu'aux esprits curieux : si vous ne posez pas de questions, vous n'aurez pas de réponse.

Notre vie, c'est ce qu'en fait notre esprit. Disciplinez votre pensée.

Qui ne pense pas par lui-même ne pense pas du tout. On ne pense pas par procuration.